초록 스케치

초록 스케치

박순심 제2 시조집

도서출판 명성서림

시인의 말

시조는 저의 영원한 햇무리입니다

  햇무리는 '해의 둘레에 둥글게 나타나는 흰빛의 테' 입니다. 해가 떠오르자마자 곧 햇무리를 볼 수 있습니다. 시조는 제 삶의 신앙처럼 전부가 되었습니다. 시조는 제 가슴속에 햇무리가 되어 끝없이 저를 자극하는 동반자 역할을 했습니다.

  바른길을 인도해 주는 부모님처럼 삶의 고비를 넘길 때마다 묵묵히 손 내밀어 준 옆지기에게 이 시집을 바칩니다.

  어둠이 엄습해 올 때마다 빛을 밝혀 다시 일어설 수 있게 용기를 북돋우며 세상을 향해 다시 나아갈 수 있게 하는 파수꾼, 울 아들에게도 이 시집을 바칩니다.

한결같은 마음으로 따뜻한 응원의 메시지를 보내준 이들이 있었기에 힘든 시간에도 고개 숙이지 않고 당당하게 우뚝 설 수 있었기에 지인 여러분에게 이 시집을 바칩니다.

건강을 되찾을 수 있도록 2년간 독자 여러분의 뜨거운 성원이 밑바탕이 되어, 제2시집 『초록 스케치』를 출간하게 되었습니다. 이에, 독자 여러분에게 이 시집을 바칩니다.

싱그러운 초록 메시지를 들고, 언제나 봄날 같은 길을 뚜벅뚜벅 걸어갑니다. 감사합니다.

2023년 6월 소래포구에서
시조인 박순심 경상

| 차례 |

시인의 말 | 4

1부 걸이대 스케치

승안 사지 삼층석탑 | 13
명태 | 14
석모도 해수탕 | 15
달력 | 16
회전의자 | 17
거미집 | 18
면역의 신 | 19
사인암 | 20
달 | 21
휴지통 | 22
막걸리 | 23
주말 농장 | 24
뙤약볕 | 25
등대 | 26
굴 구이 | 27
앙숙 | 28
문경행 | 29
붉은 오월 | 30
에어택시 | 32
사모곡 | 33
걸이대 스케치 | 34

2부 삶은 비울수록 가볍다

삶은 비울수록 가볍다 | 37
계양산 벚꽃 | 38
사투리 시대 | 39
소래포구 전통시장 | 40
파시 | 41
겨울 바다 | 42
산자락의 봄소식 | 43
ㅇㅇㅇ 헤어 필 | 44
산자락 겨울나기 | 45
마음의 빗장 | 46
주름살 비망록 | 47
손목시계 | 48
홍엽의 사설 | 49
코로나19의 하소연 | 50
바람 임명장 | 51
가을 단풍 소포 | 52
은행나무숲 | 53
시골길 | 54
라울 | 55
별 | 56
닳아진 무릎 | 57

| 차례 |

3부 봄 초상화

가을 하늘 | 61

과수원, 9월의 단상 | 62

관념의 숲 | 63

덕은사 | 64

풍차 | 65

물 이미지 | 66

소 | 67

귀천 | 68

산사태 | 69

우중 휴가 | 70

원피스 사망기 | 71

벌교 꼬막 | 72

기일, 사모곡 | 73

참외를 깎다 | 74

감자탕 | 75

해일 | 76

재활 병동 | 77

하얀 목련 | 78

봄 초상화 | 79

코로나19 병동 | 80

송골매 | 81

4부 초록 스케치

- 만남 찻집 | 85
- 낙타 | 86
- 사슴, 초원 누비다 | 87
- 진딧물 생존기 | 88
- 송이버섯 | 89
- 할머니 의자 | 90
- 낡은 노트, 봄 꺼내기 | 91
- 코로나19 | 92
- 초록 스케치 | 93
- 늙어가는 것 | 94
- 꽃샘추위 역 | 95
- 가마솥 밥 | 96
- 모정의 끈 | 97
- 쑥떡 만들기 | 98
- 꼬막정식 | 99
- 영년迎年 | 100
- 겨울 햇살 | 101
- 동백꽃 | 102
- 벽시계 | 103
- 벽난로 | 104
- 풍장 | 105
- 사과 과수원 | 106

■ 평 설 - 정유지 | 108

1부

걸이대 스케치

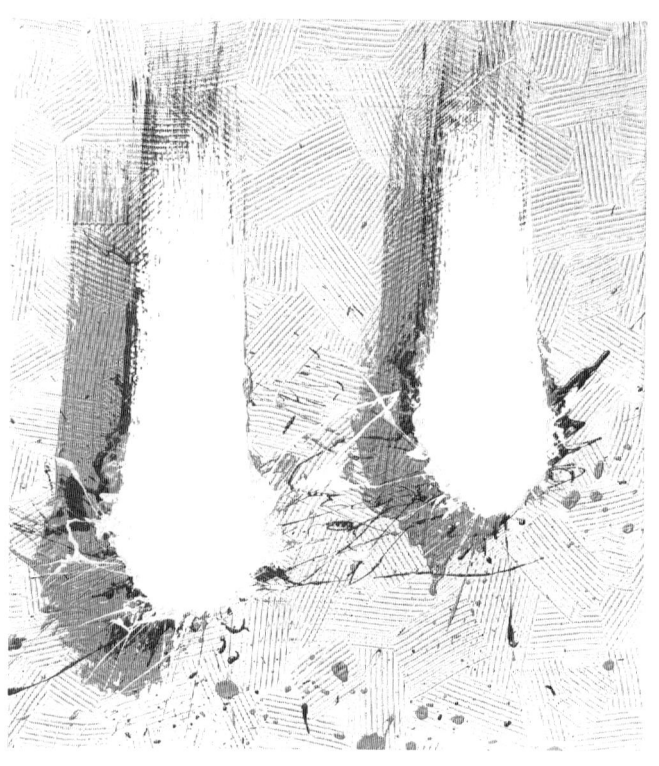

승안 사지 삼층석탑

사암사 폐사 터에 홀연히 놓인 석탑
일두가 머물렀던
표시를 해둔 걸까
지나칠
뻔한 피바람
두 발길을 잡는다

사화로 잃은 목숨
그들을 향한 치성
차와 꽃 차려놓고 천도재 올린 자리
비탈진
골짜기 아득
목탁소리 울린다

명태

은빛의 옷을 입고
햇살의 길을 따라
덕장을 지킨 존재
초연한 너의 자태
파아란
바다의 포말
담아내듯 흐른다

새하얀 속살 위에
살짝이 얹은 고명
입맛이 없는 나를
돋우어 주는 명약
해마다
이맘때 되면
너로 인해 즐겁지

석모도 해수탕

짭조름 사기그릇 칠월을 띄워놓고
살포시 들어앉은 아낙네 얼굴 보소
볼그레 비친 그 모습
달 덩어리 닮았네

피부가 보들보들 철새가 낙상하듯
좌르르 흐른 윤기 푸른 몸 빚은 걸까
한여름 식히는 온기
삶의 행복 잠기다

달력

빽빽한 메모 나무
매달린 활자 열매
삼십 개 열매 중에 성성한 것은 없다

까맣게
열린 속살을
쿡쿡 찍어 놓았다

일주일 중 이틀씩 주위를 의식 않고
빨갛게 익은 열매
나만을 위한 시간

재충전
휴식의 만찬
달콤하게 먹는다

회전의자

금수저 태어나서 마음껏 펼친 세상
부러움 한 몸 받고 번창한 주류사업
무엇이 문제였을까
삐꺽거린 의자여

세월이 유수 같아 백발이 성성하고
빛바랜 흙 수저로 남는 건 빈 껍데기
인생길 검은 그림자
한숨 소리 짙구나

거미집

베란다 모서리에
아슬하게 매달린 집
가늘고 견고하게
단단히 옭아맸다
운명을
다른 운명을
그리듯이 지었다

천장에 끈을 달아
축 내린 용사의 집
누군가 기다리며
살점을 토한 저녁
살랑인
바람 한 점에
춤을 추는 망나니

면역의 신

꽃이 진 자리마다 열매가 익는 명당
상흔의 부표들이 뽀얗게 살아나고
뭉쳤던 스트레스가 눈 녹듯이 풀린다

수소문 듣고 찾은 팔도의 심마니들
천종의 깊은 뜻을 숨죽여 바라보다
백 년을 품은 가슴에 넋을 잃고 모인다

사인암

바위에 깊이 새긴 문희공 높은 기상
선비가 앉은자리 펼치는 푸른 사연
평생을 지켰던 소신
읊조리는 계곡물

올곧게 지닌 성품 마음은 우유자적
물가를 거니는 듯 한 마리 청렴한 학
고고히 흐른 그 기품
널리 알린 큰 바위

덕절산 휘어 감고 성리학 울림소리
운계천 흐른 물결 옥처럼 맑은 소리
후학도 숭상한 역동
가을비가 품었다

달

모처럼 만난 아들
내게로 다가와서
홀쭉한 몸집 불려
사랑을 채운 시간
한가위
흰 송편처럼
내게 와서 웃는다

손거울 꺼내 들고
유심히 담아보다
세월이 가지고 온
두 볼에 앉은 아들
돌릴 수
없는 추억도
가슴 깊이 넣는다

휴지통

화장대 한쪽 구석 조용히 앉아 있다
한 움큼 내민 욕망 던져져 버려져도
따스한 너의 손길로 하루 번녀 비우지

마음껏 펼친 품 안 구겨진 시간 조각
버림에 익숙한 듯 내색을 하지 않고
언제나 감싸준 심성 너로 인해 깨닫지

막걸리

내게로 다가오는
달달한 너의 참맛
가슴을 적셔 놓고
고달픈 생 위하여
말없이
마음 달래듯
여유로움 주었지

누구도 대신할 수
없었던 나의 친구
근심을 덜어주고
아픔도 나누었지
젊음을
되찾는 시간
만날수록 즐겁다

주말 농장

거칠고 볼품없는 메마른 터전 위에
토마토 몇 그루가 내 품을 부여잡고
허리가 휘어지도록
탱글탱글 웃는다

퇴색된 많은 날들 햇살을 휘어 감고
바람이 살랑대며 낮달이 걸린 시간
누구도 찾지 않아서
가슴앓이 했 건만

따스한 손길들로 찾아든 여린 풀씨
일제히 일어나서 웃음꽃 피는 얼굴
쓸쓸한 넓은 가슴에
활기들로 꽉 찼다

뙤약볕
- 채권자 주의보

한낮의 뙤약볕이 베란다 점거하여
등친 큰 바람들과 벌러덩 누워 있다
빚 받을
궁리에 바빠
그늘 온 줄 모른다

구름 뒤 숨은 탓에 빗줄기 몰고 와서
마음을 쥐어짜듯 독촉장 뿌려대니
우리 집
키운 삽살개
탕감 난감 짖는다

등대

안개 낀 푸른 바다
희미한 작은 등불
한고비 넘는 항해
수호신 따로 있듯
뱃고동
크게 울리며
새벽안개 뚫는다

멀리서 보인 좌표
이정표 여는 바다
제 한 몸 불태워서
수평선 고른 자리
수많은
사연 담고서
묵묵하게 지킨다

굴 구이

구수한 고향 냄새 솔솔 솔 풍긴 연탄
거닐다 돌아보니 바다가 앉아있고
무장한 갑옷 두른 채
수평선을 켭니다

색안경 갖춰 쓰고 전투에 임한 자세
빡빡 빡 터진 무대 야무진 하얀 속내
익어간 우윳빛 꽃들
전리품을 엽니다

앙숙

진딧물 더위 먹고
바람의 등을 타듯
베란다 들어와서
화초를 둘러보다
만만한
푸른 등 찾아
제집인 양 앉았다

고요를 깨트리며
날아든 벌레 소리
무심코 앉아 있는
진딧물 웃음소리
앙숙을
친구로 삼아
지낼 수가 있을까

문경행

신록이 우거져서 고독도 물든 조령
주흘산 품은 가슴 숨이 찬 하늬바람
물소리 풍경소리도
쉬어가는 대승사

청화산 어깨 끼고 흐르는 쌍룡 계곡
웃음꽃 만발하니 물총새 우는 사연
사우정 정자에 앉아
근심마저 비운다

녹음을 안고 키운 울창한 관문 솔밭
문경의 자랑 거리 뚝 솟는 산봉우리
공덕산 섬긴 비구니
연꽃 되어 지키다

붉은 오월

하늘이 기억한다 오일팔 민주 항쟁
영혼의 울부짖음 오월이 흐느낀다
뼈아픈
역사의 증언
가슴 깊이 맺힌 한

팔십 년 푸른 오월 새벽 네 시 울림들
넋 나간 하얀 얼굴 들어선 젊은 청년
몰아쉰 숨으로 외친
무장군인 폭거를

동살을 앞세운 뒤 거리로 나간 뒤로
자취를 감추었던 청년의 아픈 모습
거리는 총소리 파편
집집마다 떨었지

세상에 흔적 하나 남기지 못한 사진
꺾어진 꽃봉오리 사연이 돌고 돌아
해마다
묘비 앞에서
촉촉하게 적신다

에어택시

드론의 나래 띄워
하늘길 여는 아침
안개를 휘어 감고
따라온 높새바람
미소가
꽃 피는 출근
웃음마저 앉힌다

환하게 길 안내한
햇살도 태워주고
살짝이 뒤따라온
하품도 태워주니
차례를
기다린 구름
태워달라 아우성

사모곡
- 한복 마네킹 후기

어둑한 상가 거리 가로등 잠든 도시
붉은빛 쇼윈도 안
머물고 있는 시간
우아한
한복 꽃 맵시
차려입은 어머니

올려진 쪽 찐 머리 내리는 소맷부리
마음속 그리움들
까맣게 태운 자리
막내딸
철이 들어서
눈물샘을 훔친다

걸이대 스케치

파아란 하늘 위에
살며시 내민 낮달
꽃들이 보고파서
나들이 온 것일까
한아름
안고 온 햇살
사각사각 뿌린다

눈부신 햇살 들이
피워 낸 작은 화초
활기가 넘쳐흘러
잎마다 땡글땡글
바람도
덩달아 와서
구석구석 핥는다

2부

삶은 비울수록 가볍다

삶은 비울수록 가볍다

어느 날 소리 없이 찾아온 생의 진리
왜 그리 살았을까 후회감 밀려오자
바쁨을 되돌아보는
성찰, 기氣를 주었지

나눔의 일을 하니 햇살이 춤을 추고
다닐 수 있는 두 발 즐거움 가져오듯
불어준 바람마저도
기쁨들을 안겼지

젊음도 기억 속에 사라져 버린 지금
어디서 끝날지도 모르는 생의 여정
편함은 나를 비우기
행복 시작 발원지

계양산 벚꽃

가파른 언덕배기 눈꽃이 화사하다
축 처진 잡목 아래 꽃비를 뿌려놓듯
바람이
전한 봄소식
장단 맞춰 춤춘다

수줍음 타는 꽃잎 망설임 드러내다
마침내 올라오는 초록의 앳된 웃음
뻐꾸기
사월을 몰고
꽃 관람권 전한다

사투리 시대

가난을 등에 지고 상경한 남도 어투
구박과 서러움을 길거리 뿌려 놓고
세월이 덮고 덮으니
표준어가 되었지

발길이 간 곳마다 턱하니 자리 잡고
구수한 사투리가 편안히 반겨주니
서투른 표준말들이
안방 중심 앉았지

사투리 배우려는 모임이 등장하고
지역 간 경계 없이 지내는 젊은 남녀
좋아진 세상인심에
거시기가 판친다

소래포구 전통시장

소라에 귀를 대니
울리는 고동소리
즐거움 부르는 듯
흥겨운 쇠 북소리
가락을
휘감는 포구
어깨 덩실 춤춘다

한바탕 쏟는 진땀
어물전 쌓인 꽃게
정신 줄 챙긴 가장
어깨가 무거운데
모두가
만선 꿈꾸듯
출항의 닻 올린다

파시

나른한 봄날 오후 부둣가 울린 소리
뱃고동 음향 열며 배들이 진을 치고
만선의 깃발 올리며
갯바람도 춤추다

경매사 손놀림에 가격이 결정되고
모여든 상인들이 지갑 문 활짝 여니
헐렁한 주머니마다
두둑해진 행복들

선장의 함박웃음 귀에다 걸어두고
힘 솟는 목소리가 배 안을 장식하자
갈매기 즐거운 몸짓
흥겨움을 돋우다

겨울 바다

파아란 물결 위로
남겨진 하얀 흔적
부서진 포말마다
펼쳐진 고동소리
바다가
전한 스토리
레일 타듯 흐른다

산마루 앉은 노을
넋 놓고 바라보다
갈매기 날개 타듯
돌아온 바람 몇 개
파도를
굴리는 은하
사색마저 떨구다

산자락의 봄소식

썰렁한 산자락에 봄 마중 나선 잡목
헐벗은 가지들은 실눈을 설핏 뜨고
바람이
전한 봄소식
장단 맞춰 춤춘다

봉우리 능선마다 망울을 매달고서
존재감 나타내는 자태가 선명하다
낮달을
차고 오르는
까치 울음 푸르다

바위는 해빙 끝에 속살을 드러내고
뽀얗게 맞는 햇살 말문을 틔운 정상
뻐꾸기
춘풍을 몰고
얼음새꽃 깨운다

○ ○ ○ 헤어 필

머리를 손질하기 딱 좋은 겨울 오후
햇살이 게으름을 피우는 우중충 날
네거리
모퉁이 앉은
눈에 띄는 흰 간판

컬러풀 광고 모델
눈부신 머리 물결
맘껏 멋 부린 그녀 눈길을 붙잡는다
퓨전의
향기를 담고
세련미가 흐른다

첫 방문 서먹함도
어느새 사라지고
머릿결 만져 오는 스킬이 부드럽다
스르르 잠 부른 손길
하루해가 잘린다

산자락 겨울나기

축제가 시작되는 소란한 앞산 자락
헐벗은 가지마다 순백의 옷을 입고
바람이 흥을 돋우니
춤사위를 보인다

축제가 무르익자 가지에 등을 달고
자신을 알리려는 홍시의 붉은 자태
먹잇감 찾아 헤매는
까치에겐 큰 횡재

까치의 부리마다 감도는 겨울 말문
가지들 사이마다 들어온 뽀얀 햇살
나목을 감싸 안더니
봄을 새겨 놓는다

마음의 빗장

세월이 흐를수록 생각난 그리움들
되새김 시작되면 아리는 갈색추억
모른 체 외면했지만
아른거린 네 형체

숨차던 시간들을 넘기고 돌아서며
저만치 걸어오는 아슴한 너의 기억
가슴속 깊은 곳에선
지워지지 않았지

별것도 아닌 세상 무엇이 두려운지
다시는 못 올 세상 그리운 건 한 가지
이제는 마음의 빗장
열어두며 살리라

주름살 비망록

갓 깎은 군인 머리 늠름한 막내아들
임무를 다 마치고 집으로 복귀했지
빠름을 실감케 하는
시간들이 잡힌다

맞이한 새해 인사 엊그제 나눴건만
또 해야 하는 현실 뿌리칠 수가 없지
앞서 간 세월의 강물
막을 수가 있는가

희끗한 머리 결로 방어막 치는 전술
안 보인 볼록 안경 맞추어 쓰는 전략
조금은 젊어질까나
거울 앞에 서 본다

손목시계

주인을 휘어 감고
반 바퀴 돌고 나니
휘영청 밝은 달빛
하나 둘 밝힌 시간
온종일
발맞춘 걸음
쉬는 법을 잊는다

평생을 일만 하다
홀연히 가버린 생
부지런 타고났던
옹고집 성품 같아
순간을
멈추는 초침
조바심을 키운다

홍엽의 사설

내 몸의 뼈대들이 부서진 줄 모르고
검붉게 피어오른 젊음만 만끽하자
시월 녘 핀 꽃들까지
덩달아서 춤춘다

색색이 물들이진 고운 옷 벗어 놓고
불타던 청춘들을 붙잡아 지핀 노을
단풍은 기어코 가서
물들이고 말았지

가엽게 뭉그러진 몸뚱이 지레 밟고
골목길 더듬더듬 추억에 잠긴 자리
짓무른 나를 보면서
헛기침만 하는가

코로나19의 하소연

세상을 장악하여 무릎을 꿇게 하지
코로나 경고방송 거슬린 거리 풍경
힘차던 굳은 마음에
마스크가 맞섰다

강력한 소독제가 집마다 도사리고
머문 곳 폐쇄하라 명령이 난무하다
더 이상 머물 만한 곳
찾을 수가 없구나

수척한 골목길엔 바람만 왕래하고
어쩌다 만난 행인 철저한 방어태세
각인된 방역의 시대
내쉴 곳은 없는가

바람 임명장

당신이 바람이면 골목길 어귀마다

냉랭히 기웃거린 추위는 되지 말고

가난한 이의 창문가
따스함을 전하게

각박한
세상살이
절망만 널린 세상

낮은 곳 찾아가서 포근히 안겨주고

힘든 이
상처 말리는
희망 온기 돼 주게

가을 단풍 소포

얼마나 애달프면 저리도 타오를까
네 마음 알지 못해 시간만 채찍 하다
덩달아 찬바람 잡고
후회 눈물 떨군다

바람이 나부낀 날 개봉된 사연 하나
내리쬐는 햇살 들이 한순간 밟고 가자
먼 친구 마음 열리듯
이야기꽃 펼친다

서정이 깃든 가슴 아직은 부른 이름
머물고 있는 시심 가득히 담아내고
분홍빛 물이 든 사연
풀어놓니 가볍다

은행나무숲

당신은
가을이면
샛노란 옷을 입고

서정을 즐겨 찾는 시인들 불러낸다

흔하지
않은 고향 밭
텃밭 냄새 풍기며

당신은 길바닥에 겉옷을 벗어둔다

추위를
타는 행인
따스히 입으라고

곧 닥칠 겨울의 한파
월동준비하란다.

시골길

푹 패인 동네 어귀
눈 익은 향수의 장
울 엄니 얼굴 같아
한참을 바라보다
갈대들
속삭임 소리
가던 길을 멈추지

들녘에 노란 볏단
결실을 말해 주고
길가에 코스모스
가을을 데려왔지
계절이
바뀔지라도
언제나 그 시골길

라울*

가실의 초입으로 다가선 바람 몇 점
누렇게 변한 햇살 테라스 몰려와서
조그만 어깨 앉더니
감싸 안고 뒹군다

상처를 보듬으며 속 앓듯 변한 한 생
볼마다 물든 얼굴 갓 시집온 새색시
뜨겁지 않은 햇살에
즐겨 찾는 꽃잎들

잎마다 땡글땡글 생기가 넘쳐 보여
소소한 행복들이 달려와 안겨준다
움츠린 마음 펴게 한
작은 잎의 고마움

*다육이 이름

별

하늘의 축제일까
모여든 작은 불빛
금박지 두른 신랑 더덩실 춤을 추고

새색시
맞을 준비에
하늘 창이 열리다

까아만 자정 바다
유난히 환한 불빛
첫날밤 청사초롱 밤새워 밝혀 두다

샛별을
맞이한 새벽
불그스레 숨기다

닳아진 무릎

뽀족한
삶이 닳아
등 굽은 노인 신세

가쁜 숨 몰아쉬며 일에만 열중했지

밥그릇
늘린 재미로
세월 간 줄 모른 채

무릎이 제 집인 양 마디로 들어온 물

질책을
하지 말자
더불어 가는 나이

평생을 지켜준 다리
고마움만 가지자

3부

봄 초상화

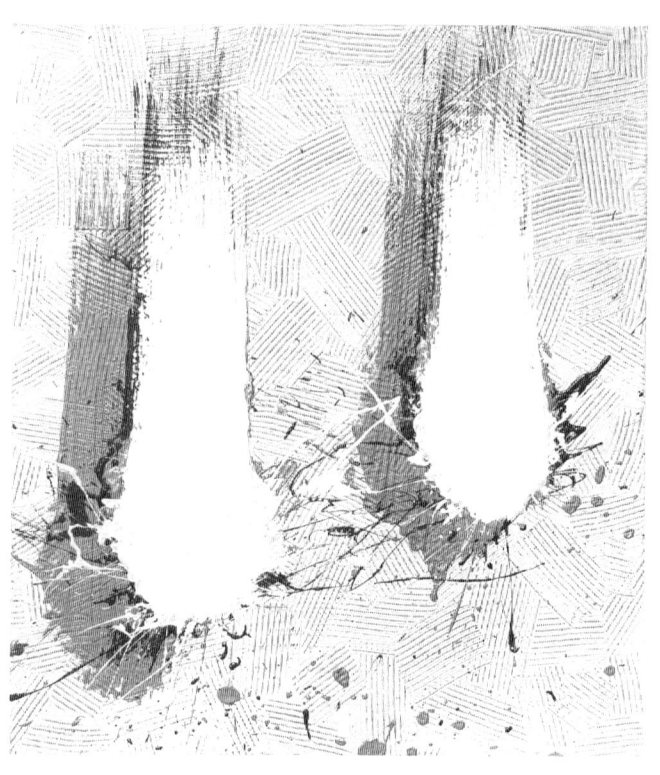

가을 하늘

살랑인 바람 따라
가슴을 활짝 펴고
바다 위 활강하는
철새가 되고 싶다
힘들면
구름과 함께
인생 얘기 나누며

포근한 양털 구름
밤마다 타고 가서
허물도 다 덮어 줄
정다운 벗을 찾아
구김살
없는 대화로
웃고 싶다 마음껏

과수원, 9월의 단상

구월로 접어들자 귀뚜리 울음소리
영그는 포토애플 선선한 하늬바람
레드빛 숲속을 채운
친구 얼굴 새롭다

장마가 끝날 무렵 들이친 태풍 바비
진입로 초입부터 무진장 망친 주범
아무 일 없는 것처럼
빙빙 도는 잠자리

햇빛을 담아두는 아삭한 푸른 소망
아무리 세찬 바람 모두 다 견딘 낯빛
브이자 처진 어깨에
새콤달콤 달렸다

관념의 숲

대도시 아파트 숲 네모난 울타리에
부모란 나무 기둥 줄줄이 딸린 자식
사랑의
거름을 듬뿍
받고 나니 알차다

집마다 잘 가꾸어 상품이 되어 가니
출품할 때 기다린 알토란 같은 열매
어느 집
가서 내놔도
속이 꽉 찬 열매들

덕은사

섬진강 줄기 따라 산나물 피운 고장
잔잔한 물소리로 백두가 깃드는 곳
행각의 풍경 소리도
화현 되어 오는가

악양 정 허리 감고 휘둘러 가다 보니
담장에 누운 노송 오백 년 역사 담고
독경 속 일두 일대기
숨결 아득 흐르다

휘영청 밝은 달밤 곳곳에 들린 독경
떠도는 넋이 되어 한 맺힌 부관참시
영혼의 억울한 사연
되돌리고 잠들다

풍차

자연의 힘을 받아
한 바퀴 돌고 나면
막혔던 마음 열어
스르르 풀린 가슴
힘들게
사는 일마저
그대에게 배우지

바람이 거셀수록
달라진 삶의 활력
한 생을 돌고 나면
탁 트인 푸른 창공
살포시
빚어낸 가을
하루 행복 잠기지

물 이미지

시원히 펼쳐 놓은 풍만한 나의 가슴
내 몸이 뭉개져도 속속히 흘러간다
구르고
굴러다녀도
지칠 줄을 모른다

큰 그림 그리면서 구름이 되는 시간
사연을 그린 자리 젖어온 그대 숨결
무더운
날이 될수록
탐하려는 속성들

소

고향 집 저녁마다
쇠죽 쑨 뒤뜰 굴뚝
연기를 모락모락
피우며 꾸었던 꿈
등록금
밑천이던 너
귀하게도 여겼다

장마로 인한 홍수
겁먹은 둥근 두 눈
골망태 등에 메고
산야로 쏘다녔지
아슴한
유년의 사진
애처롭게 꺼낸다

귀천

흰 구름 이어진 곳 서 있는 중년 남자
아쉬움 그만 잊고 편하게 잠드소서
묶였던 삶의 굴레는
모두 벗어 버리고

인생의 무게 지고 미련을 잡고 있는
늘어진 두 어깨에 보이는 삶의 잔상
버겁고 힘겨운 세상
잠깐 소풍 나온 생

훌훌 다 벗어놓고 가볍게 떠나소서
쓸쓸한 뒷모습을 남기고 가는 사람
내 영혼 동반자 따라
당신 향해 갑니다

산사태

나무를 잘라 내어
태양광 설치한 산
산허리 중간중간
아픈 데 나타났죠
폭우로
인한 상처를
고칠 수가 없어요

물결이 몰려오자
강물로 떠밀린 소
지붕에 올라타서
슬픔을 전합니다
산사태
무서운 현실
실감 나죠, 긴 장마

우중 휴가

시절이 부른 차박 필요한 것만 싣고
설렘 반 호기심 반 떠나는 여름휴가
예상치 못한 캠핑에
들뜬 마음 앞서다

후드득 내린 비가 한동안 소강상태
그 틈을 탄 가족들 오붓한 집을 짓고
허기를 채우고 나니
어둠이 쫙 깔렸다

방파제 누워 마신 짭조름 바닷바람
하늘문 열어놓자 밤비의 음률 소리
휴가는 일 년을 견딜
삶의 충전 역할기

원피스 사망기

끝이 난 유효기간 장롱에 처박힌 나
유행은 멀어지고 몇 년째 방치되다
곰팡이 놈이 세 들어
제 집인 양 앉았다

좀까시 데리고 와 영역을 넓혀 가며
퀴퀴한 냄새까지 풍기며 앉아 있고
둥그런 원을 그리며
들락날락 만든 집

이제는 가야 할 때 옷걸이 벗긴 손길
함께한 지난 시간 만지고 다독이다
가냘픈 곡선의 허리
못 잊는 듯 긴 한숨

벌교 꼬막

바구니 갈고리에
허리춤 동여매고
널따란 먹색 갯벌
줄지은 널배 썰매
마침내
풀리는 사연
바닷길이 열린다

피맺힌 먹빛 생계
마음에 품고 살다
다 토해 내지 못한
검붉은 속앓이들
뜨겁게
달구는 몸통
드러내는 속 가슴

기일, 사모곡

구공탄 얽힌 사연
무성히 피어나면
한 맺힌 불꽃 켜서
아리는 향 지피다
치밀어
오는 슬픔이
어찌 이리 아플까

속 깊이 타 들어간
내면의 불씨 따라
매서운 연탄 중독
별이 된 울 어머니
음복주
울음 삼키듯
목놓아서 부른다

참외를 깎다

때아닌 땡볕 군단 거실로 침입하면
더위를 조롱하듯 쟁반에 모여 앉아
노오란
인생의 무늬
쓱쓱 날려 맞서지

내 몸속 이골이 난 계절풍 못 느낀 채
유월은 벌써 와서 작별의 아린 칼질
새하얀
속살 빚으며
달콤한 향 풍기지

감자탕

세상사 둥글둥글
모나지 않게 살기
구르고 넘어진 삶
푹푹푹 쪄낸 자리
속 깊이
삭혀내면서
부드럽게 바꾸기

고통과 모든 근심
토막을 잘게 내듯
옴팍한 가마솥에
한 움큼 집어넣고
잡다한
생각의 뼈대
얼큰하게 우리기

해일

불행은 예고 없이 순식간 덮쳐온다
떨구어 버릴수록
수십 척 날 선 비애
고통 속
가슴 한구석
관통하는 연대여

늘 지켜 줄 거라던 기둥이 무너지듯
비바람 데려와서
흔들어 놓은 바다
머뭇댄
시간의 층계
슬픔만을 남긴다

재활 병동

중증의 딱지 떼고 휠체어 의지해온
오층의 재활 병동 서른셋 젊은 환자
환자 중 꽃을 든 남자
스킨 냄새 풍겼지

핏기가 없는 얼굴 긴 한숨 몰아쉬며
창으로 쏟아지는 싸리꽃 바라보다
상념에 잠기던 저녁
붉은 노을 불렀지

봄비가 내린 오후 창으로 날리는 몸
환자들 놀란 동공 일제히 터진 울음
뇌출혈 한쪽 몸 정지
상상이나 했을까

희망의 꽃 꺾이듯 원망과 한탄 소리
병원장 구두 지시 창문은 폐쇄됐고
환자들 보호자들도
넋 놓고서 따랐지

하얀 목련

칼바람 다독이며 기억을 일으킨다
어둠을 등지고서 집으로 향하던 길
정신을 가다듬고서
북극성을 그렸지

날개가 꺾인 세월 정지된 몸의 부력
행여나 돌아올까 기대감 부푼 봄날
한 구비 흐르는 동안
점점 날개 펼쳤지

모든 걸 묵묵하게 주어진 삶을 담고
담아둔 숱한 언어 바람 속 접어둔 채
한 하늘 부름받던 날
고요 바다 띄웠지

봄 초상화

겨우내 찬바람이 제집인 양 놀았지
봄 햇살 들어오니 새순들 의기양양
창으로
싸늘한 기운
몰아내고 꽃 핀다

푸릇한 잎새마다 온기를 품고 앉다
기온을 뚝 떨구는 꽃샘이 찾아오면
기억력
좋은 새순은
호연지기 수련 중

코로나19 병동

폐쇄된 지정 공간 어둠을 등에 지고
온종일 넋 놓고서 생각에 잠겨 있다
가끔씩
바라본 눈빛
두려움을 낳았지

마스크 위로 보인 초조감 덮은 얼굴
완쾌해 나가기를 손꼽아 기다리다
검사로 판정된 음성
가슴 펴며 웃었다

늘어난 확진 환자 임시로 만든 병동
꽉 메운 병실마다 묻어난 소독 냄새
사 미터
간격 사이로
오월 봄을 맞았지

송골매

강물을 향한 낙하 번개와 같은 속도
물오리 향해 가는 시커먼 물체 하나
두 발톱
낚여진 대상
저항 한 번 못했지

이 세상 가장 빠른 다이빙 선수처럼
기류를 타고 놀다 일격에 내리꽂는
조류계
최고 사냥꾼
네가 진짜 미사일

4부

초록 스케치

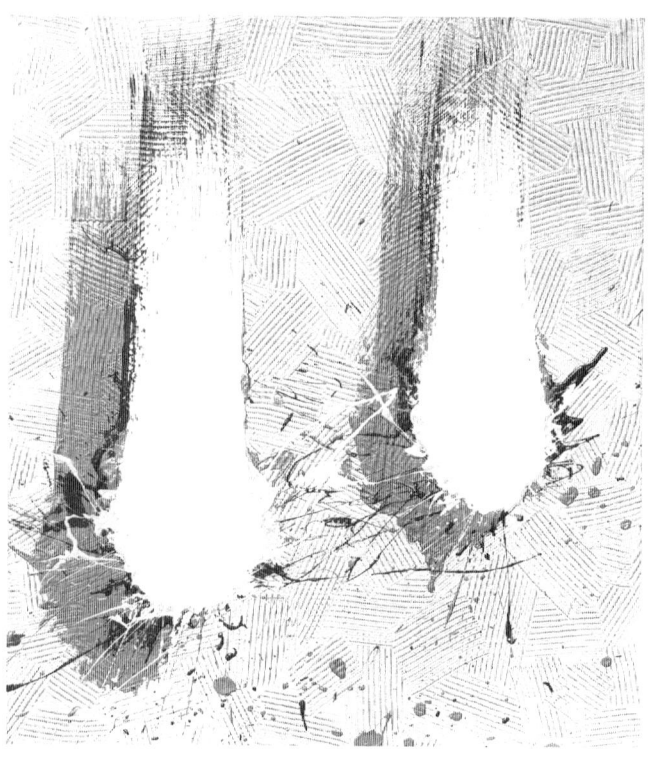

만남 찻집

어스름 새벽이면
광장 앞 만남 찻집
오고 간 발길 모여
하나 둘 채운 자리
창가를
스친 실바람
커피 향기 머문다

간이역 역할하듯
쉼터로 머무는 곳
보따리 담긴 사연
살며시 꺼내 놓고
수다를
떨다 놓친 차
썩소 짓는 너스레

낙타

커다란 쌍봉 사이 한 짐을 둘러메고
묵묵히 걷고 있는 힘겨운 모래폭풍
바람이
몰고 온 입자
막아낸 긴 속눈썹

그윽한 눈의 미학 빼어난 미인 눈빛
무던함 키우면서 적도의 유일 수단
서녘 길
돌개바람도
두렵지가 않구나

사슴, 초원 누비다
- 어머니의 비망록

긴 목을 쭉 빼고서
허공을 바라본 눈
머리에 쓴 왕관에
호피로 치장하고
들판을
휩쓸고 다닌
푸른 초원 주인공

반으로 접은 허리
살아온 생의 굴곡
노을의 하루 말며
어둠을 등에 업고
몰아쉰
숨을 안고서
안식처를 찾는다

진딧물 생존기

처음엔 고춧잎에 잠깐 쉼 하려 했어
음지 녘 습기 친구 곧 올 것 같아서 지
순식간 늘어난 식구
떠날 줄을 몰랐어

우리가 살길 찾아 화초로 옮기던 날
창문에 찰싹 붙어 엿보는 무당벌레
혹여나 잡혀갈까 봐
샛바람에 떨었어

누렇게 변한 몰골 웃으며 즐기는데
더 이상 바라볼 수 없다며 찾은 처방
물에 탄 알코올 뿌려
박멸하는 천적들

소독은 우리한데 무서운 또 다른 적
창문을 활짝 여니 들어온 따스한 볕
침대에 누운 그 틈에
삼십육계 줄행랑

송이버섯

갈바람 솔솔 부는 소나무 숲 양지쪽
둥그런 모자 쓰고
유혹을 하는 건가
그윽한
솔향 깔고서
쉬어가는 간이역

고요한 숲속 자라 성격이 온순하지
갓 쓰고 퍼지기 전 효험이 좋단 소식
말기 암
걸린 환자들
북새통을 이룬다

할머니 의자

털모자 눌러쓰고
다소곳 앉은 자리
망가진 삶을 잠시
공유한 오후 한때
다친 곳
어루만지듯
깡마른 등 맡긴다

삐걱댄 중심 하나
어디다 내어 줬나
어긋난 틀 고임세
새로운 긴급 처방
할머니
고우신 손길
톡톡 탁탁 고친다

낡은 노트, 봄 꺼내기

조용한 침묵 깨고 들리는 말의 반란
꽉 막힌 어둠 어디 눈 뜨는 꿈 비망록
구석진 눅눅한 냄새
초록으로 물든다

공간에 갇힌 고통 견딜 수 없는 상상
밖으로 삐져나와 칼날을 세운 말들
페이지 페이지마다
고드름을 떨군다

푸념이 채 끝나기 무섭게 열린 서랍
모질긴 삶의 굴곡 새벽을 칭칭 감고
창문 틈 마주친 손님
햇살들이 안긴다

삼월의 근원지는 환하게 비치는 빛
현관문 활짝 열고 마음껏 쐬는 공기
환희 그 파노라마에
관념의 숲 입힌다

코로나19

확진자 다녀갔던 자리는 폐쇄 낙인
얼굴을 가린 일상 불안감 키운 TV
경로를
파악하려는
문자마저 무섭다

상대를 알 수 없는 가면이 통한 세상
마스크 품귀현상 사재기 난무하고
신들의
노여움인가
골목시장 곡소리

붐볐던 인천역엔 바람만 방문하고
텅텅 빈 칸칸마다 불신이 굴러간다
남녘에
벙그는 목련
한 하늘을 담을까

초록 스케치

따스한 바람 불자 깨어난 앞산 자락
까무룩 졸고 있던 해빙의 잔설 모드
풀리지 않을 것 같은
해법마저 녹는다

겨우내 잠을 자던 동풍이 일군 산하
물오른 가지마다 내뿜는 생기의 변
감나무 우듬지 앉아
조잘거린 까치들

상큼한 향을 따라 가볍게 걷는 봄볕
쑥쑥 쑥 내민 고개 살포시 띄운 노래
냉가슴 사르르 돌듯
초록 웃음 피운다

늙어가는 것
- 거울에 앉아

소리가 잠긴 새벽 의자 위 살포시 앉아
거울 속 비친 전등 조명을 치는 자리
유난히
하얀 얼굴이
나를 보며 말 건다

시집와 앉은 새댁 마음은 아직 소녀
주름을 없애 주는 소문난 기초 크림
두들겨
펴 바르지만
소용이 없는 걸까

피부에 맞지 않자 트러블 생긴 피부
믿었던 재생크림 역할을 잃어가듯
피부로
드러난 종기
울컥해진 오춘기

꽃샘추위 역

나목의 가냘픈 잎 이슬을 굴린 레일
고독이 머문 창가 날아든 미세먼지
삽시간
몰려든 는개
구매 불가 입석표

짓궂게 몽니 부린 진상 객 난동일까
산자락 저리 푸른 무임 객 항변일까
무쌍한
롤러코스터
초록 봄의 생리통

늦겨울 잔기침을 몰고 온 분홍 짐칸
환절기 흘러가면 살며시 떠날 열차
마지막
차표 뽑아서
기침 손님 받았지

가마솥 밥

옴팍한 솥단지를
부뚜막 걸쳐 놓고
아궁이 불 지피자
구수한 이밥 탄생
밑바닥
누른 누룽지
오 남매가 다퉜지

문명의 이기 앞에
편안한 부엌살림
코드만 꽂아 두면
스스로 변신하듯
압력솥
쫀득한 행복
안식마저 부른다

모정의 끈
- 가뭄 속 단비

햇살이 무거운 날 이상향 찾는 시간
해풍이 찾아와서 행복을 가득 싣고
웃음꽃 넘친 정담을
군데군데 뿌렸지

마음의 감기 인해 시들어 가는 지금
불행을 막아서는 어머니 기도 소리
동강을 내고 싶었던
일상들을 고른다

나만을 기다리던 해맑은 눈망울로
날마다 카톡으로 안부를 전한 문자
또르르 구른 웃음들
줄지어서 안겼지

쑥떡 만들기

살얼음 깔린 겨울 허기가 도는 시간
우듬지 까치 앉아 반갑게 울었던 날
말린 쑥
쌀에 섞어서
떡 방앗간 향했지

요란한 소음 속에 봄녘을 향한 산통
콩고물 함께 여는 향긋한 쑥의 미향
입안에
퍼진 고소함
향수마저 씹혔지

꼬막정식

피조개 제철이듯
한 움큼 끓인 냄비
바다향 물씬 풍긴
구수한 고향 진미
가족의
무병장수를
기원하며 차린다

태양의 길을 따라
널배를 띄운 계절
울 엄마 소쿠리에
한가득 담은 생계
식솔들
챙기는 손길
열 가지 찬 만든다

영년迎年

어둠을 지긋 밟고 북적인 인파 사이
희망을 읊조리는 붉은 해 피어난다
일출은
파도 환호성
한 해 기운 솟는다

풍문의 꼬리 잡고 나래 짓 트는 그곳
어찌할 바를 몰라 바다에 잠겨 있다
안간힘
쓰며 나오는
그리움의 성산포

온 바다 다 휩쓸고 붉은색 풀린 새벽
팍팍팍 터진 불꽃 환호성 터진 시간
허름한
횟집에 앉아
묵은 해를 꽉 집다

겨울 햇살

베란다 마룻바닥 허락도 안 받은 채
햇살이 들어와서 벌러덩 누워 있다
빚 받는
채권자처럼
큰 대자로 쫙 깔고

움츠린 다육이들 고개를 들자마자
숨통이 확 트이게 미소가 번진 아침
베란다
꽉 막힌 독거
날아가듯 가볍다

오랜만 바깥 구경 웃음을 귀에 달고
한참을 머물렀던 어여쁜 빛 채권자
저물녘
된바람 따라
하릴없이 나간다

동백꽃

환희가 덮인 돌섬
눈보라 치는 자리
얼굴을 더욱 붉혀
살결도 고운 걸까
그대를
바라본 눈길
울렁이는 수평선

겉으론 향 없어도
속내는 깊은 여인
파도가 쌓인 발길
생기를 남긴 쉼표
매혹적
입술 닮아서
뭇 사내들 울린다

벽시계

고요한 장막 깨고 징징징 울림소리
요란한 고함소리
시골집 울 지킴이
어쩌다
멈춰 선 날엔
적막만이 흐른다

온종일 일만 하는 네 일정 주시하고
계획표 짜 놓고서
주목한 행동반경
어둠이
창을 덮어도
정각마다 징징징

벽난로

붉은 옷 입던 시절
거실의 한편 앉아
기억을 쪼갠 장작
겨울을 달군 자리
한 가족
둘러앉아서
이야기꽃 남겼지

달구지 않는 몸집
된지도 몇 해 지나
흐릿한 눈빛들은
시들어 버린 불꽃
마실 온
바람만 가끔
주위에서 맴돈다

풍장

뜻하지 않는 죽음 말할 수 없는 슬픔
하늘로 비상하는
새처럼 돼란 걸까
부모의
아린 마음을
우듬지에 걸치다

환생을 기다리는 뭇별의 슬픈 눈빛
강풍에 날린 비명
뼈마저 날아가도
찢어진
어미의 가슴
바람결에 날리다

사과 과수원

과수원 사과나무
시들이 달려 있어
한 아름 따 오다가
길목에 놓친 슬픔
차라리
그 자리에서
삼켰어야 하는 걸

계절이 흘러감에
빨갛게 되는 머리
녹슬지 않기 위해
생각을 모아 본다
기억은
까무룩 졸고
현실들만 떨군다

평설

정유지

(문학평론가, 경남정보대 디지털 문예창작과 교수)

"섬세한 시심으로 쌓아 올린 서정의 집 한 채"
- 박순심 제2 시조집 『초록 스케치』의 시 세계

정 유 지
(문학평론가, 경남정보대 디지털 문예창작과 교수)

1. 섬세한 시적 안목으로 따뜻한 봄을 건져 올린다

"운다는 것은 네가 약하다는 뜻이 아니다. 태어났을 때부터 그것은 항상 네가 살아 있다는 증거였다.…(중략)…바뀔 수 있는 충분한 시간이다. 난 새가 아니다. 어떤 그물로도 날 가두지 못한다. 나는 새가 아니며 어떤 그물도 나를 가두지 못한다. 나는 독립적인 의지를 가진 자유로운 인간이다.…(중략)…나는 나 자신을 책임진다. 내가 고독해질수록, 내가 혼자가 될수록 다른 이의 도움을 받지 않을수록 나는 나 자신을 더욱 존경하게 될 것이다."

인용된 것은 샬럿 브론테Charlotte Bronte(1816~1855)의 소설『제인 에어(1847)』중 일부 내용이다. 존재적 자기 자각의 울음으로부터 시작하여, 자기 뜻대로 삶을 살아가려는 여성의 독립성과 결단력을 기념하고, 스스로 자립하는 고독한 인간의 위대함을 정의하고 있다. C. 브론테는 영국 요크셔주의 손턴에서 영국 국교회 목사의 셋째 딸로 태어났다. 소녀시절부터 공상력과 분방한 상상력을 지켰고, 불어, 독일어에 능통했다. 1843년 브뤼셀의 여학교 조교로 일하며 우울하고 고독한 생활을 했다. 에제를 만나 잠시 순수하고 열정적인 마음을 가졌으나, 그의 아내의 시샘으로 1844년 영국으로 돌아온다.『제인에어』는 1847년 출간된다. 아버지의 부목사인 아서 벨 니콜스로부터 청혼을 받고 결혼했고, 늦은 나이에 임신한 탓으로 합병증이 겹쳐 결혼 9개월만에 눈을 감는다.

수련 박순심 시인은 한마디로 현대판 샬롯 브론테다. 인간의 한계상황을 작품으로 극복하는 치열한 작가정신과 그 맥을 같이 한다. 박순심 시인은 2017년 종합문예지《연인》에 시조 부문 신인문학상으로 당선되어, 문단에 등단했다. 이후 시와 시조, 아동문학, 낭송

이라는 장르를 넘나들며 그동안 독특한 빛깔의 멀티 예술활동을 전개해 왔다. 한때 삶과 죽음 경계를 넘나들며, 병상에 누워있었지만 이를 시혼으로 극복하고 인천문인협회 활동을 열심히 하면서, 묵묵하게 향토문학의 지평을 열고 있는 귀한 존재이다. 박순심 시인은 이미 첫 번째 시집『그리움의 진혼곡』을 통해 본인의 존재감을 세상에 알린 바 있다. 여성 특유의 섬세한 언어는 첫 번째 시집 때와 마찬가지로 더 성숙하고 원숙한 시적 보폭을 유지하고 있다.

박순심 시인은 따스함이 깃든 시적 프레임Frame으로 깊은 서정의 스케치를 그린다. 박순심 시인은 그 사색의 창을 밝히고 있다.

박순심 시인은 시심을 아름답게 풀어놓는 여류시인이다. 박순심 시인의 시적 세계는 크게 세 가지 경향을 보인다.

첫째, 시적 대상을 압축시키는 탁월한 어법으로 유려한 시적 보폭을 선보인 동시에, 심연의 깊이로 수놓은 서정 시조의 진수를 수놓고 있다. 더불어 일상과 대자연을 누비면서 정제된 언어로 새롭게 특화한 '초록 스케치'를 형상화하고 있다. 아울러 박순심 시인의 정신 세계는 초월적 기표를 미적 감성으로 빚어낸 맑고 순수한 이미지가 선명하다. 이는 박순심 시조의 근간이 된 장章과 장, 수首와 수를 유지적으로 연결하는 창조적인 상상력과 시적 내공이 작용하고 있기 때문이다.

둘째, 시·공간을 초월하는 인생의 철학과 소소하지만 확실한 작은 행복의 미학에 충실하다. 또한 사물에 대한 감정이입을 통해 참신한 이미지를 구가하고 있다. 더 나아가 따뜻한 사랑의 심상으로 완성된 봄의 얼굴을 하고 있다.

셋째, 깊은 내면을 간결하게 표출하는 단상의 시편으로부터 시작하여, 사물, 대자연, 더 나아가 그로테스크 리얼리즘Grotesque realism적 경향의 시편까지 확대하고 시·공간을 초월하는 인생의 철학마저 노래하고 있다. 하나의 멀티 앨범 속에 박순심 시인의 인생역정을 함축하고 있다. 단상의 시편과 서사의 시편 등을 두루 발현시키면서, 박순심 시상詩想의 자유로움을 확보하고 있다.

시인은 자연에 대한 특화된 캐릭터를 구축하고 있다. 바로 「벌교 꼬막」에서 이를 확인할 수 있다.

바구니 갈고리에
허리춤 동여매고
널따란 먹색 갯벌
줄지은 널배 썰매
마침내
풀리는 사연
바닷길이 열린다

피맺힌 먹빛 생계
마음에 품고 살다
다 토해 내지 못한
검붉은 속앓이들
뜨겁게
달구는 몸통
드러내는 속 가슴

–「벌교 꼬막」전문

  인용된 작품은 바다의 향기가 물씬 풍긴다. 꼬막의 대명사는 벌교 꼬막이다. 전남 보성만 일대 벌교읍에서 난다. 벌교 아낙들이 널배를 타고 먹색 갯벌을 누비고 있음을 보여주고 있는 가운데, 꼬막을 채취하는 이들 존재의 사연들이 바닷길과 함께 풀리고 있다. 꼬막 채취로 생계를 잇는 어촌 서민들의 애환이 그대로 벌교 꼬막의 검붉은 속가슴으로 전이되고 있다. 벌교 꼬막은 개펄 바닥에 많이 나며, 살이 연하고 붉은 피가 있으며 그 맛이 매우 좋다. 벌교에선 꼬막을 삶아서 양념에 무쳐 먹는데, 쫄깃한 맛이 특징이다. 꼬막을 '안다미 조개'라고도 하며, '담은 것이 그 그릇에 넘치도록 많게'라는 우리말 '안다미로'에서 유래했다.

  시인은 자기 삶을 자연스럽게 그려내고 있다. 「초록 스케치」를 그리고 있다.

> 따스한 바람 불자 깨어난 앞산 자락
> 까무룩 졸고 있던 해빙의 잔설 모드
> 풀리지 않을 것 같은
> 해법마저 녹는다
>
> 겨우내 잠을 자던 동풍이 일군 산하
> 물오른 가지마다 내뿜는 생기의 변
> 감나무 우듬지 앉아
> 조잘거린 까치들
>
> 상큼한 향을 따라 가볍게 걷는 봄볕
> 쑥쑥 쑥 내민 고개 살포시 띄운 노래
> 냉가슴 사르르 돌듯
> 초록 웃음 피운다
>
>   -「초록 스케치」 전문

인용된 작품은 한겨울 쌓인 눈이 녹는 '해빙의 잔설' 모드Mode를 시적 장치로 활용하고 있다. 동면冬眠의 삶을 깨운 동풍이 일군 생기의 변화, 봄의 신화를 갈무리하고 있다. '나무의 꼭대기 줄기' 혹은 '나무의 우두머리' 우듬지 위에서 봄소식을 전하는 초월적 기표인 까치를 발견하게 된다. 상큼하고 풋풋한 내면의 향기를 내뿜는 쑥의 노래까지 초록 웃음으로 스케치Sketch하고 있다. 초록은 풀과 같이 푸른 빛깔을 띠는 녹색이다. 박순심 시인은 한마디로 봄 스케치를 통해 만물이 소생하는 계절의 소곡小曲을 선보이고 있다. 스케치는 어떤 대상을 요점만 골라 알기 쉽게 간략하게 적는 것, 요점만 골라 알기 쉽게 간략하게 적는 것을 말한다.

시인은 일상 속에서 사유의 깃을 턴다. 「거미집」에 이를 확인할 수 있다.

> 베란다 모서리에
> 아슬하게 매달린 집
> 가늘고 견고하게
> 단단히 옭아맸다
> 운명을
> 다른 운명을
> 그리듯이 지었다

천장에 끈을 달아
축 내린 용사의 집
누군가 기다리며
살점을 토한 저녁
살랑인
바람 한 점에
춤을 추는 망나니

-「거미집」전문

인용된 작품은 허공 위에 집을 짓고 살아야 하는 운명의 삶을 그려내고 있다. 베란다 모서리에 아슬아슬 매달려 빚어낸 집으로부터 천장에 끈을 잇고 끈질긴 생명력을 키우는 용사의 집까지 건축하고 있다. 거미줄에 걸린 생명체를 향해 망나니 같은 춤을 춰야 하는 숙명까지 조명해내고 있다. 거미줄은 관계 설정의 끈을 상징할 수 있다. 거미줄은 거미가 출사 돌기(방적 돌기)에서 사출하여 친 거미줄이다. 거미집이라고도 한다. 거미가 알을 낳아 놓게 하거나 먹이를 잡게 하려고 얽은 그물을 말한다. 거미줄은 적어도 141,000,000년 동안 존재해 왔다.

시인은 인생의 무늬「참외를 깎다」를 통해 삶의 향기를 풍긴다.

때아닌 땡볕 군단 거실로 침입하면
더위를 조롱하듯 쟁반에 모여 앉아
노오란
인생의 무늬
쓱쓱 날려 맞서지

내 몸속 이골이 난 계절풍 못 느낀 채
유월은 벌써 와서 작별의 아린 칼질
새하얀
속살 빚으며
달콤한 향 풍기지

- 「참외를 깎다」 전문

 선인들은 더울수록 삼계탕 같은 이열치열以熱治熱의 음식을 즐겼다. 시원한 수박과 참외도 여름을 대표하는 과일이다. 시인은 여름철 제철 과일 참외를 깎아 먹으면서 더위의 무료함을 시원 음식으로 이겨내었음을 암시하고 있다. 또한 신경통을 계절풍으로 빗대어서 유월의 아린 칼질로 재해석하고 있다. 매끈한 속살을 빚어내며 달콤한 향기에 취한 채 한 여름을 돌돌 돌리듯 깎아내고 있다. 참외는 삼국시대 또는 그 이전에 중국의 화북華北으로부터 우리나라로 들어왔으며, 통일신라시대에는 이미 재배가 일반화되었다.

시인은 손때묻은 하루를 정리하다가 「주름살 비망록」을 발견한다.

>갓 깎은 군인 머리 늠름한 막내아들
>임무를 다 마치고 집으로 복귀했지
>빠름을 실감케 하는
>시간들이 잡힌다
>
>맞이한 새해 인사 엊그제 나눴건만
>또 해야 하는 현실 뿌리칠 수가 없지
>앞서 간 세월의 강물
>막을 수가 있는가
>
>희끗한 머리 결로 방어막 치는 전술
>안 보인 볼록 안경 맞추어 쓰는 전략
>조금은 젊어질까나
>거울 앞에 서 본다
>
>　　　－「주름살 비망록」 전문

시인은 군대 입대하고 돌아온 막내아들에 관한 이야기를 통해 주름살 하나가 생겼음을 알리고 있다. 현실 속에서 막을 수 없는 시간은 세월의 강물을 만들 수밖에 없음을 일갈하고 있다. 흰 머릿결과 볼록 안경을 통해 이마의 주름살을 가려보지만, 결국 주름살은 늘 어날 수밖에 없음을 술회하고 있다. 비망록은 어떤 사실을 잊지 않으려고 적어 둔 기록. 일반적으로 주름살은 피부가 노화하여 잡힌 금이지만, 이를 시인은 인생의 비망록으로 바라보고 있다. 어디 그뿐인가. 주어진 한계상황 속에서 혼자만의 고민을 풀지도 못하고 계속 늘어만 가는 주름살에 대한 자기 인식은 나를 일깨우는 에피퍼니Epiphany라고 할 수 있다. 존재적 자기 자각에 의한 인생의 노래임을 환기시켜 주고 있다.

2. 방황하는 별들을 위한 아름다운 영혼의 울림

소동파의 시에 '설니홍조雪泥鴻爪'라는 표현이 있다. '기러기가 눈밭에 남기는 선명한 발자국'이란 뜻이다. 그러나 그 자취는 눈이 녹으면 없어지고 만다. 인생의 흔적도 이런게 아닐까?

우리의 인생은 언젠가 기억이나 역사에서 사라지는 덧없는 여로다. 지금 최선을 다하는 그 자체가 행복한 선택임을 시인을 어필하고 있다.

인생은 유한하다. 그런데 그 유한함을 마치 무한한 삶처럼 사는 사람들도 세상에는 참으로 많다. 언젠가는 죽음을 받아들여야 한다. 우리는 태어남과 죽음 사이에서 수많은 사람이 만나고 헤어지고 다시 만난다. 시간은 인생의 위대한 보석이다. 시간이 소중한지 누구나 잘 알지만 젊고 건강할 때는 시간이 영원할 것 같은 환상 속에 산다. 그러나 나이가 들고 사랑하는 사람들이 하나둘 떠날 때, 인생은 짧고 유한한 시간 속에서 존재함을 인식하게 된다.

박순심 시인은 소동파가 노래한 '설니홍조雪泥鴻爪'의 의미를 차용할 수 있는 작가다. 이른바, "가진 것을 즐겨라, 인생은 유한하다. 행복할 시간도 모자란다."를 확인시켜 준 서정시인이다. 감성이 워낙 뛰어나고 풍부해서, 마치 탄산음료의 톡 쏘는 맛처럼 시조의 뒷맛이 작렬하는 보석 같은 존재다.

박순심 시인의 시적 상상력은 사람과 사물의 경계없이 자유롭고, 그에게 있어 시조 쓰기란 한계상황의 굴레에서 자유로 향해 가는 한 편의 영혼의 노래다. 시인의 자유로운 사유를 통해 독자들에게 선물하고 있는

낯선 경험의 세계를 일구고 있다. 시인이 궁극적으로 지향하고 있는 심상의 항해는 멈춤 없이 진행되고 있음도 탐색할 것이다. 시인의 시적 언어는 자기 성찰과 관조적 자세의 오랜 습작을 통해 얻은 깨달음의 결정체이다. 이는 박순심 시학의 산물로 정리할 수 있다. 박순심 시학은 이번 시집 『초록 스케치』에서 제대로 물보라를 피워올리고 있다. 시인은 따스한 미풍의 창을 연다. 「바람 임명장」을 통해 확인할 수 있다.

　　당신이 바람이면 골목길 어귀마다

　　냉랭히 기웃거린 추위는 되지 말고

　　가난한 이의 창문가
　　따스함을 전하게

　　각박한
　　세상살이
　　절망만 널린 세상

　　낮은 곳 찾아가서 포근히 안겨주고

　　힘든 이
　　상처 말리는
　　희망 온기 돼 주게

　　　　　　　－「바람 임명장」 전문

인용된 작품에서 시인은 시적 화자인 당신을 지칭한다. 당신이 따뜻한 바람이 되어 가난한 이웃에게, 힘든 이웃에게 희망의 온기가 되어달라는 임명장任命狀을 수여하고 있다. 임명장은 어떤 사람에게 어떤 직위의 임무를 맡긴다는 내용을 적은 문서를 말한다. 옛사람들은 봄바람을 샛바람, 은혜의 바람 '혜풍惠風'이라 했다. 북풍한설의 겨울이 지나가면 온난화열의 봄바람이 삼라만상을 따스하게 감싼다. 왕희지王羲之의 『난정서蘭亭序』 중에 〈혜풍화창惠風和暢〉이란 구절을 풀이하면 '은혜로운 봄바람은 더없이 따스하고 부드러웠다.'의 뜻이다. 여름 바람은 마파람, 훈훈한 바람, '훈풍薰風'이라 했다. 가을바람은 하늬바람, '금풍金風'이라 했고 겨울바람은 된바람, '삭풍朔風'이라 했다. 봄은 환희와 부활의 계절이다. 냉랭의 날은 가고, 각박한 날은 사라지고, 절망의 날이 눈 녹듯 사라진다.

시인은 소담스런 「라울」을 즐겨 찾는다.

가실의 초입으로 다가선 바람 몇 점
누렇게 변한 햇살 테라스 몰려와서
조그만 어깨 앉더니
감싸 안고 뒹군다

상처를 보듬으며 속 앓듯 변한 한 생
볼마다 물든 얼굴 갓 시집온 새색시
뜨겁지 않은 햇살에
즐겨 찾는 꽃잎들

잎마다 땡글땡글 생기가 넘쳐 보여
소소한 행복들이 달려와 안겨준다
움츠린 마음 펴게 한
작은 잎의 고마움

― 「라울」 전문

시인은 라울Raoul의 명칭을 다육이 이름이라고 밝히고 있다. 다육이는 다육식물多肉植物을 뜻한다. 인용된 작품을 통해 다육식물에 대한 애정과 사랑을 엿볼 수 있다. 집안 또는 안방으로 다가선 바람 몇 점이 다육식물 어깨 앉더니 생기를 불어넣고 있다. 속 앓는 한 생의 삶도 갓 시집온 새색시의 삶으로부터 시작되었듯이, 강렬하지 않은 자연스러운 햇살을 선호하고 있는 꽃잎의 속성을 부각하고 있다. 소소한 행복의 가치를 누리며 존재적 자기 자각을 통해 작은 잎의 고마움 또한 노래하고 있다. 건조 기후나 모래 환경에 적응하기 위하여 다육질의 잎에 물을 저장하고 있는 식물을 말한다.

다육식물은 잎이나 줄기, 또는 뿌리에 물을 저장한다. 선인장, 알로에, 돌나물과 등의 많은 식물군이 다육식물에 포함된다.

시인은 수시로 자기 삶을 점검한다. 「벽시계」에서 확인할 수 있다.

    고요한 장막 깨고 징징징 울림소리
    요란한 고함소리
    시골집 울 지킴이
    어쩌다
    멈춰 선 날엔
    적막만이 흐른다

    온종일 일만 하는 네 일정 주시하고
    계획표 짜 놓고서
    주목한 행동반경
    어둠이
    창을 덮어도
    정각마다 징징징

           - 「벽시계」 전문

괘종시계의 특성을 인간의 삶과 비유하며, 격조 높은 언어로 풀어내고 있다. 시골집 지킴이로서 그 소임을 다하고 있음을 설파하고 있다. 시간에서 자유로울 수 없기에 일정과 계획표를 짜놓고 있는 인간사의 단편을 보여주면서 징징징 정각을 알리는 경종의 의미를 새롭게 노래하고 있다. 징징 울린 소리는 멈추어 세상을 바라보게 만든다. 비로소 더 큰 세상을 보게 한다. 괘종시계는 벽이나 기둥 따위에 거는 시계다.

시인은 우리 시대 패션문화의 유행과 그 폐해를 진단한다.「원피스 사망기」를 통해 확인할 수 있다.

끝이 난 유효기간 장롱에 처박힌 나
유행은 멀어지고 몇 년째 방치되다
곰팡이 놈이 세 들어
제 집인 양 앉았다

좀까지 데리고 와 영역을 넓혀 가며
퀴퀴한 냄새까지 풍기며 앉아 있고
둥그런 원을 그리며
들락날락 만든 집

이제는 가야 할 때 옷걸이 벗긴 손길
함께한 지난 시간 만지고 다독이다
가냘픈 곡선의 허리
못 잊는 듯 긴 한숨

-「원피스 사망기」 전문

인용된 작품은 '원피스가 사망했다'라는 시적 상정 하나로, 그로테스크 리얼리즘Grotesque Realism적 경향의 시편임을 단번에 확인할 수 있다. 유행이 끝난 원피스가 장롱 속에 처박혀 방치되다 보니, 곰팡이가 세 들어 살고 있음을 보여주고 있다. 좀까지 데리고 와, 퀴퀴한 냄새 풍기는 곰팡이와 좀의 집이 되었음을 토로하고 있다. 장롱 속 있던 원피스를 끝내 의류 수거함에 버려야 하는 괴기한 현실을 노래하고 있다. 여기서 그로테스크Grotesque는 '괴기한 것, 극도로 부자연한 것, 흉측하고 우스꽝스러운 것'을 뜻한다. 15세기 말 이탈리아에서 로마 유적이 발견되며 생겨난 표현이다. '사망기'란 생활 기능이 절대적, 영구적으로 정지함으로써 권리 능력이 상실되는 일의 기록 또는 목숨이 끊어지는 기록을 말한다. 일반적으로 원피스One-Piece는 의류로써 윗도리와 아랫도리가 하나로 붙어 있는 여성용 옷이다. 줄무늬 원피스, 원피스 수영복 등이 있다. 우리 시대는 패션을 통해 유행을 부추긴다. 그 유행기를 마치면 여지없이 의류들은 어딘가에 방치된다. 박순심 시인은 유행에만 혈안이 된 그런 우리 시대를 질타하고 있다.

시인은 사유의 숲을 향한다. 「낡은 노트, 봄 꺼내기」에서 이를 확인할 수 있다.

> 조용한 침묵 깨고 들리는 말의 반란
> 꽉 막힌 어둠 어디 눈 뜨는 꿈 비망록
> 구석진 눅눅한 냄새
> 초록으로 물든다
>
> 공간에 갇힌 고통 견딜 수 없는 상상
> 밖으로 삐져나와 칼날을 세운 말들
> 페이지 페이지마다
> 고드름을 떨군다
>
> 푸념이 채 끝나기 무섭게 열린 서랍
> 모질긴 삶의 굴곡 새벽을 칭칭 감고
> 창문 틈 마주친 손님
> 햇살들이 안긴다
>
> -「낡은 노트, 봄 꺼내기」 전문

누군가의 어록을 보면 볼수록 꿈이 영글고 꽃이 피는 봄이 온다. 상상이 머릿속에 있으면 공상이 되지만, 이를 활자화하면 창조적 상상력으로 변한다. 논리의 칼을 세우면 날카로운 언어를 표출한다. 시적 화자는

오히려 혹한의 고드름으로 대체시켜 더 극한 상황으로 몰아가고 있다. 서랍 속 노트를 꺼낸 새벽, 삶의 여정을 반추하다가, 아침 햇살을 마주친다. 봄이 왔음을 직감하게 만든다. 낡은 노트는 과거와 현재를 잇는 모티프이다. 노트Note는 무엇을 쓰거나 그릴 수 있도록 매어 놓은 백지 묶음이다. 시인은 오래된 시간을 꺼내, 봄볕이 깃든 깊고 담백한 된장 맛을 우려내고 있다. 박순심 시조 공화국에 포진한 봄의 진품들이 그 진가를 선보이고 있다.

"상황버섯은 뽕나무에서 난다고 하여 붙여진 이름이다. 노화 방지와 피로 해소에 좋은 폴리페놀(영지버섯의 6.4배, 표고버섯의 31.7배) 성분과 면역력 향상에 탁월한 베타글루칸 성분이 다량 함유되어 있어 암세포를 죽인다. 이에 농가에선 '자연이 내린 선물'이라 불린다."

박순심 시인의 시집 『초록 스케치』는 존재적 자기 자각을 통해 삶의 위치를 착생시키고, 인간미가 넘쳤던 우리 사회의 목소리를 뿌리내리며 재생再生시키고 있는 한국현대시조단의 상황버섯이다. 인간의 영혼이 빚어내는 내면의 향기가 깊은 사유로 담겨 있다. 아울러 박순심 시인의 시조집 『초록 스케치』는 인간의 심리적인 상처와 갈등을 치유해 내는 정화 기능을 하고 있다. 내적인 평화와 파괴된 외적인 완화를 얻도록 작용하고 있다.

초록 스케치

2023년 7월 10일 제 1판 인쇄 발행

지 은 이 ｜ 박순심
펴 낸 이 ｜ 박종래
펴 낸 곳 ｜ 도서출판 명성서림

등록번호 ｜ 301-2014-013
주　　소 ｜ 04552 서울시 중구 삼일대로8길 17 3~4층(충무로 2가)
대표전화 ｜ 02)2277-2800
팩　　스 ｜ 02)2277-8945
이 메 일 ｜ ms8944@chol.com

값 10,000원
ISBN 979-11-92945-52-1

※ 잘못 만들어진 책은 바꿔드립니다.
　 이 책 내용의 일부 또는 전부를 재사용하려면
　 반드시 저작권자의 동의를 얻어야 합니다.